JN105040

想い出の国鉄・JRアルバム 第2巻

常磐線
1960年代〜90年代の記録

写真：長渡 朗　解説：三好好三

客車特急から気動車特急に変身した当時の「はつかり」
客車特急として1958（昭和33）年10月にスタートした「はつかり」は、２年後の1960年12月から我が国最初の気動車特急に生まれ変った。この年の10月に開催されたアジア鉄道首脳者会議に間に合わせ、ＰＲのために新系列のキハ80系特急車が完成したもので、試乗と試運転を繰返した後、「はつかり」に使用することになった。スタイルは東海道本線の151系特急電車「こだま」に酷似しており、塗分けも同じだったが、「はつかり」には未電化の単線区間もあったので、タブレット交換時を考慮してボンネット部分は短く、運転台も低めになっていた。編成は上野方からキハ81＋キロ80×２＋キサシ80＋キハ80×５＋キハ81の10両固定編成だった。上野〜青森間を10時間25分にまで短縮したが、東北本線の電化が進み、1968（昭和43）年９月に寝台特急電車583系に置き替えられ、東北新幹線開業まで583系の黄金時代を迎える。キハ80系は羽越線「いなほ」、常磐線「ひたち」などで活躍のあと紀勢本線に転じて長く活躍した。◎岸辺　1960（昭和35）年11月７日　撮影：野口昭雄

Contents

まえがきに代えて

本書は旧国鉄・JR東日本OBである長渡 朗（ながと・あきら）さんの鉄道写真を主体にまとめた常磐線の写真集です。

長渡さんは1933（昭和８）年に東京市内でお生まれの江戸っ子ですが、終戦直後の1946（昭和21）年からは静岡県の藤枝市で暮しておられました。まだ非電化だった東海道本線の蒸機や客車に親しんで鉄道ファンに育ち、1952（昭和27）に国鉄に入社、以後静岡機関区、静岡運転所に勤務して東海道本線全盛期の東京～大垣間でＥＦ58形などの電気機関車と、80系、153系などの急行、準急、普通電車の運転をされました。故郷忘れがたく、1966（昭和41）年に中央本線の三鷹電車区に転勤、以後は中央東線の特急、急行、快速、中距離普通の運転に専念されました。1982（昭和57）年12月に当時の東京西管理局電車指令室に勤務、車両や列車の手配・指令を行う重責を担われ、中野電車区の構内・運転計画助役を経て1987（昭和62）年４月の国鉄民営化（JRの誕生）後の1988年３月に退職、その後も関連会社で長く勤務を続けたお方です。

現役の時代から鉄道写真をたくさん撮っておられて、今回その一部をまとめたのが本書です。国鉄時代には休暇の折に全国の国鉄線を訪問して多数の車両の形式写真や走行写真を撮影され、膨大な枚数を残されました。路線別に分けて保存されており、今回は常磐線の巻ということで１冊にまとめました。ただし、上野～岩沼～仙台間のすべてを均等に並べるのは難しかったので、一部は以下の方々に写真のご協力をいただきました。

荒川好夫、牛島完、小川峯生、木戸正美、小泉喬、野口昭雄、日比野利朗、安田就視、山田虎雄の皆様（50音順）。ここに厚く御礼申し上げます。

当時は今よりも撮影の自由がありましたので、上記の各位からも貴重な記録を多数寄せてくださいました。また、長渡さんも国鉄の職員でなければ写せない場所での作品を多数集めてくださいました。

以上から、鉄道を愛する皆様に是非見ていただこうと編まれたのが本書です。どうぞごゆっくりとお楽しみいただきたいと願っております。

2021（令和３）年７月　写真解説担当　三好好三

平（現・いわき）～草野間に見る常磐線の列車　常磐線経由の上野～青森間特急「はつかり」は、1958（昭和33）年10月にスハ44系客車で登場したが、1960年12月からキハ81系による気動車特急となった。東海道本線151系「こだま」に始まる電車特急と似たスタイルだったが、ボンネットの形が丸みを帯びていて短く、スピード感には欠けていた。奥の丘陵は鎌田山。鎌田山トンネルの下り線坑口が見える。◎平（現・いわき）～草野間　1965（昭和40）年11月3日　撮影：木戸正美

【上野～取手】

上野駅で発車を待つ485系ボンネット型の特急「ひたち」 常磐線経由、上野～仙台間に設定されていたＬ特急「ひたち」は本数が多く、東日本地区における485系電車が最も活躍するシーンを見ることができた。
◎上野駅　1976(昭和51)年５月６日　撮影：長渡 朗

池袋駅で発車を待つ485系ボンネット型による「水戸観梅号」 池袋駅３番線ホームで発車を待つ485系。赤いヒゲと前面スカートのクリーム色は、元関西、北陸、九州の60Hz交流電化区間用の意味を表していた(西からの転属車に見られたが、後に抹消)。東日本の交流電化区間は50Hzなので当初からヒゲ無しだった。九州線の特急短編成化の際、座席数の少ないボンネット型先頭車を常磐線に送り、常磐線から座席数の多い箱型先頭車を九州地区に送ったため、常磐線ではボンネット型が多数見られるようになっていた。左奥の電車は埼京線の103系。◎池袋駅　1988(昭和63)年４月　撮影：長渡 朗

電化区間を走っていた気動車急行「ときわ」
常磐線非電化の時代から上野〜仙台間を結んでいた急行「ときわ」は、水戸から水郡線の急行「奥久慈」（線内は普通）を併結する関係から気動車のまま２往復が残っていた。上野駅に発着する気動車列車として人気もあったが、1985（昭和60）年３月に廃止となった。気動車は常磐線内高速運転のため、強力型のキハ58形が使用されていた。
◎上野駅　1979（昭和54）年10月９日
撮影：長渡 朗

常磐線と営団地下鉄（現・東京メトロ）千代田線相互直通運転用の203系電車
最初は103系1000番代の車両が普通・千代田線乗入れ用に配置されていたが、中央線快速用に1979（昭和54）年に登場したオレンジ色の201系のグループに属するアルミ車体の203系が1982（昭和57）年に常磐線普通用に投入された。201系同様のサイリスタチョッパ制御車で、騒音が軽減され、乗心地も改善されていた。160両が新製されたが、2010（平成22）から新系列のＥ233系2000番代と交代し、2011年９月に引退した。写真の「試運転」は「回送」と同意での使用。
◎上野駅　1982（昭和57）年11月
撮影：小川峯生

常磐線日暮里駅から発車する下り松戸行きのクハ79形ほかの普通電車
日暮里駅の常磐線ホームは1面2線だが、普通のほか中距離電車や普通列車も停車する。左のクハ79形100番代車は戦時型の旧ロクサン形未電送車からの改造車で、偶数向きだけで100～250まであった。京浜東北、総武など他線区では附属編成に入ることが多かったが、常磐線ではよく先頭に立っていた。右の上り線ホームには客車の普通列車が停車中。常磐線または成田線からの列車だろうか。
◎日暮里駅
1968（昭和43）年3月21日
撮影：牛島 完（RGG）

常磐線日暮里～三河島間を進む普通松戸行きのクハ79形ほか

常磐線の普通電車は長らく40系のクモハ60、クハ55、サハ57形が主流だったが、輸送量の増加に伴って山手、京浜東北、総武などの線区から４枚扉の72系が大量に転属してきた。さらに1967（昭和42）年にはエメラルドグリーンの103系の投入も開始されて、ブドウ色の72系旧型車も昭和40年代半ばには姿を消していった。写真のクハ79形300番代は昭和31年製。最初は中央線に投入された中の１両で、各線を遍歴ののち常磐線にたどり着いたもの。

◎日暮里～三河島間　1968（昭和43）年３月　撮影：牛島 完（RGG）

上野駅

上野駅地平ホームで発車待ちのキハ80系特急「ひたち」 キハ80系はボンネット型気動車特急として「はつかり」に投入されて人気があったが、1968（昭和43）年10月に東北本線経由となり、常磐線からは一時姿を消す。沿線からの要望で1969年10月から上野～秋田間の特急「いなほ」に回ったキハ80系の東京滞在時間（休憩中）を利用して特急「ひたち」に使用することになったもの。1972（昭和47）年に485系の電車化によりこの姿は見られなくなった。◎1970年頃　撮影：山田虎雄

江戸時代から「日暮しの里」として風光明媚な土地であり、それにふさわしい駅舎を備えていた日暮里駅。京成電鉄の乗換駅であり、千葉方面からやってきて乗り換えに利用する人も多かった。所在地は荒川区西日暮里２丁目で同区最南端の駅であり、一部は台東区にもまたがっている。◎1970年代　撮影：山田虎雄

日暮里駅

現在は、島式ホーム１面２線をもつ高架駅になっている南千住駅。2005（平成17）年８月、つくばエクスプレスの駅が誕生するのに合わせて改築された。もともとは1896（明治29）年12月に日本鉄道の駅として開業。周辺に工場が増えて、住宅地・商業地として再開発される歴史を見守ってきた。◎1969（昭和44）年　撮影：山田虎雄

足立区の玄関口といえば、この北千住駅。東武伊勢崎線との乗換駅であり、営団地下鉄（現・東京メトロ）の複数の路線も乗り入れるようになっている。この頃はつぎはぎ姿のような駅舎だったが、現在はルミネが入る近代的な駅ビルに変わっている。◎1963（昭和38）年　撮影：山田虎雄

北千住駅

金町駅

「祝地下鉄開通記念合同大売り出し」と書かれた地元商店連合会の横断幕が掲げられている金町駅の駅前風景である。1971（昭和46）年４月に綾瀬～我孫子間の複々線化が完成し、営団地下鉄（現・東京メトロ）千代田線との直通運転が開始されて、都心へのアクセスがとても便利になった。◎1971（昭和46）年　撮影：山田虎雄

駅前にペデストリアンデッキが整備される前の松戸駅の駅前風景である。現在は人口50万人近い大都市に成長した松戸市は水戸街道の宿場町として栄え、「矢切の渡し」の舞台としても知られる古い歴史がある。駅の開業は日本鉄道時代の1896（明治29）年12月である。◎1982（昭和57）年　撮影：山田虎雄

松戸駅

新松戸駅

新松戸駅は1973（昭和48）年４月、武蔵野線の開業時に接続駅として開業している。後発駅であることから、２駅手前の北松戸駅よりも北に位置しながら、「新」を冠する駅名になってしまった。なお、すぐ北西、松戸市新松戸にある流鉄の駅は、この駅の所在地名（松戸市幸谷）の「幸谷」を名乗っている。◎1973（昭和48）年　撮影：山田虎雄

隣の松戸市とともに常磐線沿線の人気ベッドタウンとなっている柏市。柏駅の開業は1896（明治29）年12月で、松戸駅とともに開業した。この時代は地平駅だったが、1971（昭和46）年４月に橋上駅舎が誕生。現在は東西自由通路がある巨大駅となっている。◎1964（昭和39）年　撮影：山田虎雄

柏駅

東京オリンピックが開催された1964（昭和39）年の北千住駅の西口駅前である。西口駅前からは、西側を走る日光街道（国道４号）などを通って、足立区、荒川区内など各方面に向かう路線バスが発着していた。この頃、既に営団地下鉄（現・東京メトロ）の日比谷線が開通して東武伊勢崎線に乗り入れていたが、５年後の1969（昭和44）年には、西口側の地下に営団地下鉄千代田

線の北千住駅が開業。さらに２年後（1971年）には、常磐線各駅停車と直通運転を行うこととなる。
◎1964（昭和39）年８月25日　撮影：池田信（提供：毎日新聞社）

中央やや右の駅前広場から続く商店街の先には、日光街道（国道４号）が南北に走っている。ご存じの通り、北千住は江戸三宿のひとつ、千住宿として栄えた街である。現在もその面影を残す建物が点在し、街歩きを楽しむ人も多い。一方で、北千住駅はJR、東武、東京メトロ、つくばエクスプレスの各線が連絡するターミナル駅であり、足立区の玄関口の役割を果たしている。こ

の時期にはまだ、東西駅前は再開発されておらず、ビルの姿もほとんど見えなかった。
◎1984（昭和59）年４月21日　撮影：朝日新聞社

綾瀬駅は1943（昭和18）年４月に開業した比較的歴史の新しい駅だが、四半世紀後の1968（昭和43）年２月に約250メートル離れた現在地に移転した。そのため、この当時の駅周辺は開発が進んでおらず、田畑が多く残っていた。建設中の営団地下鉄（現・東京メトロ）千代田線の綾瀬駅が開業するのは、この３年後（1971年４月）で、中央下に見えるこの頃の地上駅舎も見るからに小さなものである。現在は南北両側に都市銀行の支店も進出し、見違える景色が広がっている。
◎1968（昭和43）年５月14日　撮影：朝日新聞社

手前に環七通り（国道318号）を越える常磐線の架道橋が見える亀有駅付近の空撮である。既にこの区間の常磐線は複々線・高架化されており、亀有駅も高架駅となっていた。北口駅前に見える富士銀行は現在、みずほ銀行になっている。亀有駅といえば、金町駅と並ぶ葛飾区の玄関口であるが、「亀有」の地名を一躍有名にしたのが漫画「こちら葛飾区亀有公園前派出所」だろう。この作品が「週刊少年ジャンプ」に連載され始めたのは、この撮影の６年前、1976（昭和51）年だった。
◎1982（昭和57）年５月　撮影：毎日新聞社

金町駅周辺では1968（昭和43）年、北口側にあった金町モスリン工場の跡地にUR金町駅前団地が建設されていた。この時期、北口側が一足早く再開発されていた一方で、京成金町駅が置かれている南口側は大きなビルが少なく、整備もこれからだった。しかし、その後は両者の立場は逆転して、現在は南口側に高層ビルのヴィナシス金町が誕生するなど新しい街づくりが進めら

れている。左上に見える国道６号（水戸街道）が江戸川を渡る新葛飾橋は、1964（昭和39）年に架橋されていた。
◎1987（昭和62）年７月29日　撮影：朝日新聞社

松戸の街のシンボルだった、最上階(20階)に回転レストランを備えた、伊勢丹松戸店があった頃の空撮写真である。2018(平成30)年に伊勢丹が閉店した後、この松戸ビルヂングには、商業施設「キテミテマツド」がオープンしている。一方、東口側には松戸中央公園、聖徳大学のキャンパスが広がっている。また、駅前には商業施設「PONTE(ポンテ)」が見える。この後、松

戸駅には東西に高架デッキが誕生し、東西自由通路が開設されることとなる。
◎1978（昭和53）年４月22日　撮影：朝日新聞社

常磐線貨物支線を走る直流区間の旅客用ＥＦ56形電機　直流東北本線の田端操車場と常磐線の隅田川貨物駅を結ぶ貨物列車・荷物列車は、常磐線の交直両用機と東北本線からの直流機が担当している。写真は荷物列車を牽引して田端へ向うＥＦ56 1ほか。ＥＦ56形は1937（昭和12）年に丸型車体の１～７号機、1940年に箱型車体の８～12号機が製造され、東海道本線で活躍した。戦後は1958（昭和33）年に東北本線に転じ、1969（昭和44）年に５両が山陽本線勾配区間の補機ＥＦ59形に改造されたが、残りは当地で現役を続け、1987（昭和62）年までに廃車となった。ガードの上は京成電鉄本線。
◎三河島～田端間　1974（昭和49）年12月25日　撮影：長渡 朗

国鉄末期の車両配転で混色編成となった常磐線の103系快速電車
80年代に入ると大規模な配置転換や編成替えが行われ、通勤電車の場合は首都圏と近畿圏の国電区間の間で103系車両の移動があったため、各線に混色の編成が登場した。東京圏では常磐線、横浜線、青梅線、武蔵野線でそれが目立った。写真はオレンジ色の103系との混色編成。
◎松戸駅
1984（昭和59）年３月25日
撮影：小川峯生

1971（昭和46）年４月に綾瀬～我孫子間の複々線が完成し、従来の普通電車は上野～取手間の快速電車となり、代って緩行線には常磐線と営団地下鉄（現・東京メトロ）千代田線との相互直通運転による普通電車の運転が開始された。当初の車両は常磐線が103系1000番代、千代田線が5000系および6000系だった。◎北小金駅　1976（昭和51）年７月３日　撮影：小川峯生

気動車急行「ときわ」＋「奥久慈」のキハ58系・28系混成列車
常磐線の電化区間を気動車が走ることで知られていた急行「ときわ」＋「奥久慈」２往復は、「奥久慈」号が非電化の水郡線に直通するために気動車で残っていたものである。常磐線内を高速で走るため、２個エンジンのキハ58系が使用されていたが、１個エンジンのキハ28系も少数ながら連結している列車もあった。両車の外観は同じだったので区別しにくかったが、写真の先頭車は、撮影メモではキハ28 83となっている。
◎北小金
1985（昭和60）年１月13日
撮影：小川峯生

常磐線一方の雄、「赤電」こと近郊型401系
常磐線の中距離電車「赤電」として親しまれた近郊型車両は、1960（昭和35）年に交直両用の３扉セミクロスシート車として401系が登場。翌年から量産が始まって性能向上により403、415系へと発展。また1962年以降、直流専用で同型車体の111，113、115系も誕生してそちらも大発展を遂げた。写真は401系の初期運転台高窓型のグループで、撮影時には非冷房だった。赤電は上野～土浦～水戸～日立～平（現・いわき）間の普通、快速で活躍を続け、E531系と交代するまで中電を支えた。
◎北小金　1976（昭和51）年７月３日
撮影：小川峯生

定員増の試験車、2階建てのクハ415－1901号車　混雑著しい常磐線中電の着席数を増やす試験車両として、2階建てのクハ415-1901号車が1991（平成3）年に日本車輌で新製された。定員は156人（座席116人）、1階は2＋2席、2階は2＋3席、デッキは無く、両開扉2ヵ所付きだった。下り側先頭に連結され、特別料金不要で好評だったが、乗降に手間取るなどの制約も多く、2006（平成18）年3月に廃車となった。2階建て車両はE531系のグリーン車（2両連結）に受継がれている。
◎北小金～南柏間　1990（平成2）年頃　撮影：小川峯生

「赤電」こと近郊型401、403、415系の最終増備車はステンレス車体の415系1500番代　常磐線「赤電」の最終タイプは1986（昭和61）年から投入された軽量ステンレス車体の415系1500番代となった。直流用211系の交直両用版で、415系は50Hz（東日本）、60Hz（西日本）共用だったので、この1500番代車は九州線にも配置された。車体は国鉄末期の近郊型で近代的な容姿となったが、ロングシート車だったのは惜しまれた。民営化後もＪＲ東では増備を行い、活躍を続けたが、Ｅ531系と交代して2016（平成28）年６月までに全廃となった。◎北小金～南柏間　1993（平成５）年８月４日　撮影：小川峯生

常磐線夜行寝台特急の主役で活躍した20系「ゆうづる」

常磐線経由の上野～青森間夜行寝台特急に20系客車（東海道・山陽本線の「あさかぜ」と同型）が投入されたのが1965（昭和40）年10月のこと。以後増発が続き、1968（昭和43）年10月には寝台特急電車583系も加わって、1975（昭和50）年３月には583系電車３往復、20系客車４往復となって全盛期を迎えた。さらに1976年10月からは20系に代って24系客車が入り質的に向上したが、東北新幹線の開業で本数が減りはじめ、1985（昭和50）年３月の新幹線上野延伸、1988年３月の青函トンネル開業後は客車２往復、電車１往復を廃止、583系の「ゆうづる」は季節列車１本に格下げとなった。1994（平成６）年12月に「ゆうづる」は廃止となった。写真は「ゆうづる」４号、最後尾はナハネフ22 3である。
◎北小金　撮影：小川峯生

常磐線の夜行寝台特急「ゆうづる」は寝台電車583系が活躍

上野～青森間の夜行寝台特急は、東北本線よりも距離の短い常磐線経由が重用されていた。「ゆうづる」は1965（昭和40）年10月に20系寝台客車で登場し、1968（昭和43）年10月に583系電車１往復、20系客車１本になり1970（昭和45）年10月に583系２、20系１往復となる。1975（昭和50）年には583系３、20系４往復となり、翌1976年10月には20系が24系に代って最盛期を迎えた。以後東北新幹線の開業、青函トンネルの開業に伴って減便が進み、1988（昭和63）年３月に24系客車２本、583系１本になり、583系は季節列車化ののち臨時列車に格下げとなった。1994（平成６）年12月に「ゆうづる」は廃止となった。

◎北小金　撮影：小川峯生

南柏駅を発車した地下鉄千代田線直通・代々木上原行きの207系試作車10連　207系900番代の試作編成は、1986（昭和61）年に国鉄最初のVVVFインバータ制御電車として試作の10両編成1本（川崎重工６両、東急車輌４両＝中間車）が新製され、常磐緩行線と営団〔現・東京メトロ〕千代田線、小田急線との相互乗入れ用に投入された。翌1987年４月の民営化によりＪＲ東の所属となり、民営化後、ＪＲ西に同番号の207系が登場したが、全く異なる車両で、ＪＲ東の車両は試作の900番代で揃っていたため車番の重複もなかった。東の207系900代は205系に準じた車体で、203系、209系1000代と共通運用されたが、2009（平成21）年にＥ233系2000番代投入と交代に引退し、2010年１月に廃車となった。写真は常磐線内では上り列車の最後尾となるクハ207-901号車。◎南柏駅　1987（昭和62）年４月11日　撮影：小川峯生

南柏駅に進入する地下鉄千代田線06系の10連　千代田線は1969（昭和44）年12月に北千住～大手町間を部分開業し、以後延伸を重ねて1971（昭和46）年４月から地下線内と常磐線の綾瀬～我孫子間で相互直通運転を開始した。1978（昭和53）年３月に綾瀬～代々木上原間が全通し、小田急電鉄も乗入れに加わった。千代田線は当初、東西線と同型の5000形を使用したが、1971年以降斬新な設計の6000系が導入され、さらに1993（平成５）年３月に次世代車両として06系10両編成１本が登場した。「21世紀を目指した穏やかで落着きのある雰囲気」を持つ車両だったが、それ以上の増備は無く、16000系と交代して2015（平成27）年に廃車となった。先頭は06-001号車。◎南柏駅　1995（平成７）年４月21日　撮影：小川峯生

各停として我孫子へ向う203系電車　小田急線代々木上原駅から地下鉄千代田線を走り、綾瀬から常磐線内の各停として我孫子に向う203系の寸描。営団地下鉄（現・東京メトロ）の千代田線用6000形と競走となっていたが、性能、車体、インテリアそれぞれに善し悪しがあった。160両が投入されたが、2009（平成21）年以降、E233系2000番代と交代して引退した。
◎南柏　1986（昭和61）年2月22日　撮影：小川峯生

南柏駅緩行線ホーム脇を取手駅に向う上野発の103系快速電車　常磐線の複々線化完成により、1971（昭和46）年4月20日から緩行電車は地下鉄千代田線との相互乗入れを開始、従来からの上野～取手間の普通電車は快速電車となった。写真はクモハ103-142を先頭にした取手行き快速。国鉄末期の車両調整で転属が盛んに行われていた時期で、この編成も福知山線から転属されたカナリア色との混色の編成である。
◎南柏　1984（昭和59）年8月28日　撮影：小川峯生

新塗装の485系特急車による「さわやかひたち」 1987（昭和62）年４月１日の国鉄民営化により、ＪＲ北海道、東日本、東海、西日本、四国、九州の旅客６社およびＪＲ貨物１社が誕生した。発足後、各社は新造車だけでなく、国鉄から引継いだ車両も順次各社制定のニューカラーに改めていった。常磐線の485系特急車両にも「常磐カラー」が登場したが、国鉄の特急カラーにはイメージの強さと愛着があり、各社とも国鉄カラーも大事に扱って、継続維持されたり随時復刻する例が各社各線で見られた。写真は常磐カラー編成の「さわやかひたち」だが、新しい色はかなり印象が異なって見えた。
◎南柏　1990年代中頃　撮影：小川峯生

DD51形ディーゼル機関車が牽引する12系客車「成田臨」 毎年正月には成田山新勝寺への初詣臨時列車が各地から運転される。主に関東一円、東北、中部から臨時の電車列車や電気機関車（ＥＬ）、ディーゼル機関車（ＤＬ）牽引の客車列車が上野または武蔵野線➡常磐線➡成田支線（我孫子〜成田）を経由して成田駅まで運転されている。写真は貨物用のＤＤ51 886号機が団体客を乗せた12系客車を牽引して成田に向う光景である。成田駅構内には各地から集まった臨時列車が留置線に並び、正月らしい賑わいを見せる。◎南柏　1985（昭和60）年１月26日　撮影：小川峯生

常磐線線各停として我孫子へ向う営団地下鉄6000系電車　営団地下鉄（現・東京メトロ）千代田線用の6000形は、初の前面非対称型として1968（昭和43）年に試作車が登場した。続いて量産車が投入され、小田急～千代田線～常磐線の３者相互直通運転用として活躍を続けた。前面のデザインは以後の都市型電車に大きな影響を与え、新鮮味を失わなかったが、2010（平成22）年に引退した。◎南柏～柏間　1980（昭和55）年３月８日　撮影：小川峯生

急行「ときわ」で活躍した451系急行型電車　常磐線の電化が進み、それまでの気動車準急「ときわ」を電車に置換えるために導入されたのが交直両用の急行型451系電車だった。「ときわ」は1966（昭和41）年３月に急行に格上げされ、本数が増えていった。しかし特急「ひたち」への格上げされる列車が増えたのと、東北新幹線の開業で急速に劣勢となり、1985（昭和60）年３月に全てを特急「ひたち」に格上げのうえ、急行「ときわ」は全廃となった。その30年後、2015（平成27）年に上野東京ラインが開業し、品川・上野～勝田・高萩・いわき間の657系特急に「ときわ」の名が復活した。写真はクハ451－13を先頭にした212M急行「ときわ」。◎柏～南柏間　1980（昭和55）年３月20日　撮影：小川峯生

西口に高島屋、東口にそごうという二大百貨店が店舗を構えていた時代の柏駅付近の空撮である。柏駅は1971（昭和46）年４月に橋上駅舎が誕生し、常磐線は複々線化された。この１年後（1979年）、東武の駅ビルに「柏ローズタウン」（現・柏高島屋ステーションモール）が開店、さらに駅舎の増改築が行われ、東西自由通路も開設される。1973（昭和48）年に開店したそごう柏店は2016（平成28）年に閉店して、跡地の利用などはまだ決まっていない。◎1976（昭和51）年１月１日　撮影：朝日新聞社

柏駅周辺

この我孫子駅付近では、常磐線はほぼ東西に走っている。我孫子のシンボルともいわれる手賀沼は、右方向（南）に細長く広がっており、やがて手賀川となって利根川と合流する。我孫子駅の手前（西）には、左（北）に日立精機工場、右（南）に我孫子第四小学校が見える。日立精機工場の跡地はその後、再開発されてグランレジデンス、エールの丘などのマンション群となり、桜の木

などを植えた景観にも配慮された街となっている。我孫子駅の橋上駅舎は、現在とほぼ同じ姿である。
◎1976(昭和51)年　撮影：朝日新聞社

1970（昭和45）年４月に貨物駅として開業した北柏駅は、翌1971（昭和46）年４月に旅客営業を開始した。貨物営業はわずか10数年で終了し、現在は常磐緩行線の列車のみが停車する旅客駅となっている。駅の構造は島式ホーム１面２線の地上駅で、橋上駅舎を有している。◎1971（昭和46）年　撮影：山田虎雄

「祝成田線電化」の横断幕、提灯で飾られており我孫子駅の駅前、商店街の風景である。成田線は1968（昭和43）年３月に佐倉～成田間が電化。1973（昭和48）年９月に成田～我孫子間の電化と続く。この我孫子駅から分岐しているのは、成田線の我孫子支線と呼ばれている。◎1973（昭和48）年　撮影：山田虎雄

天王台駅

天王台駅が開業したのは、今から半世紀前の1971（昭和46）年４月で、開業する前の仮称は「新我孫子」だった。現在は常磐線の南側一帯が、駅名と同じ「天王台」の地名に変わっている。これは開業間もない頃の写真で、橋上駅舎の手前、駅前一帯は整備される前で、工事用の資材などが置かれている。◎1971（昭和46）年　撮影：山田虎雄

上野方面からの常磐快速線、常磐線各駅停車の終着駅となっている取手駅。平日のみ東京メトロ、小田急電鉄の車両もこの取手駅にやってくる。写真はタクシーが並んでいるおしゃれな雰囲気の駅前風景だが、1988（昭和63）年10月には、駅ビル「ボックスヒル取手」が誕生する。◎1960（昭和35）年　撮影：山田虎雄

取手駅

近郊型によるディズニーランド直通「ワンダーランド号」でも活躍　ふだんは中・長距離通勤用に使用している近郊型（写真は403系）を、常磐線～武蔵野線～京葉線経由で日立～舞浜間の臨電「ワンダーランド号」に充当した折の記録。４連の自由席で、他線区からの舞浜行きが急行型車両の座席指定だったのとは対照的だったが、後に415系の長い編成に成長していった。
◎柏　1989（平成元）年10月１日　撮影：小川峯生

活躍を続けた快速用、成田線直通用の103系電車　常磐線の直流区間用の103系は、取手までの複々線完成後は上野～取手間の快速、および成田線直通（上野～我孫子は快速）用として長らく使用された。ＪＲ化の後には15両編成も登場して103系最長編成も見られたが、2002（平成14）年以降Ｅ231系０番代（中央・総武緩行線用と同型）と交代して常磐線から引退した。
◎取手～天王台間　1994（平成６）年６月４日　撮影：小川峯生

利根川橋梁を渡る上野行きの103系快速電車　上野～取手間の快速電車は103系の世界だったが、各停の地下鉄千代田線への直通車両も103系1000番代（灰色／青緑の帯）が投入されていた。しかし後続の203系の導入によって余剰となり、105系に改造して近畿、中国地区へ転属する車両と、塗装のみ変更して常磐線快速に転用する車両が生れた。これは常磐線快速に転じた１両で、誤乗防止のため「常磐線」のヘッドサインを掲示して眼を引いたが、やがて青緑１色に塗装された。
◎取手～天王台間　1985（昭和60）年11月16日　撮影：小川峯生

利根川橋梁を渡り上野へ向う「さよなら103系」電車　上野～取手間の快速に使用してきたエメラルドグリーン（青緑）の103系は、1967（昭和42）年から活躍を続けてきたが、2002（平成14）年以降はＥ231系と交代に廃車が進み、2006（平成18）年４月８日の「さよなら103系」の運転をもって引退した。最終日には10連の先頭車・クハ103-273（写真）に『上野～常磐線～取手　さよなら103系　昭和42年12月～平成18年３月　長い間ありがとうございました』という文字入りのヘッドマークを掲出して上野～取手間を２往復した。この日を最後にＪＲ東日本から103系がすべて姿を消した。
◎取手～天王台間　2006（平成18）年４月８日　撮影：小川峯生

利根川橋梁を渡って上野に向う583系特急「みちのく」 特急「みちのく」は1972(昭和47)年３月に急行「十和田」を格上げし、常磐線経由の昼行特急として誕生した。車両は夜行寝台特急用の583系だったので、寝台は格納のうえ座敷車として使用された。赤色バックのヘッドマークは東北を象徴するこけし人形が斜めに２体描かれていて、よく目立った。上越新幹線の開業した1982(昭和57)年11月に廃止となった。◎取手～天王台間　撮影年月日不詳　撮影：小川峯生

みちのく

利根川を渡る「青電」こと103系通勤型快速電車　常磐線上野からの各停電車は、複々線化後は快速となり、終点の取手に達していた。車両は長らくエメラルドグリーンの103系が主役で、「青電」として親しまれていた。基本10両、付属5両で、ラッシュ時には15両編成になり、当時の通勤型車両としては我が国最長となる。現在は軽量ステンレスのE231系0番代と交代している。◎天王台～取手間　1986（昭和61）年5月　撮影：安田就視

非電化で蒸機王国だった常磐線の最初の電化区間は上野〜松戸間で、1936（昭和11）　年12月11日からこの区間にローカル電車が走り始めた。ちょうどその年には当時の省線電車最新型だった通勤型の40系電車の一部モデルチェンジが行われ、常磐線には前面丸妻、後ろパンタ付きのスマートなモハ41型、クハ55形、クハニ67形のトリオが他線に先駆けて投入され、２〜３連で運転された。戦後はいち早く1949（昭和24）年６月１日に電化区間が取手まで延長されたが、後にその先は交流電化となって直流区間専用の電車は現在も取手止まりとなっている。戦中はまだしも戦後の混乱期には常磐線の電車も荒廃し、40系を主

体に戦時設計の63系が加わり、やがて72系の全盛期を迎える。1967（昭和42）年度から[写真]の103系の投入が始まり、長い活躍の時期を過した。現在は複々線化の完成で元の各停が上野〜取手間の快速となり、E231系が活躍している。赤電の後を継いだ交直両用のE531系が小まめに動き、取手を境に運転系統の分断があることを忘れさせるほどの活躍を続けている。
◎取手駅　1982（昭和57）年8月　撮影：安田就視

常磐線の直流電車の終着駅として知られる取手駅だが、この当時の駅周辺はまだローカルで素朴な雰囲気を残していた。右手に見える小さな木造駅舎、単式ホームからは跨線橋が延び、島式１面２線のホームと連絡していた。現在は、島式ホーム３面６線がある橋上・高架駅となっている。常磐線と関東鉄道常総線が分岐するあたりの右（東）側、広い校地を有しているのは、高

校野球の名門として知られる県立取手第一高校で、この市街地はやがて東西に大きく広がっていく。
◎1958(昭和33)年5月9日　撮影：朝日新聞社

【藤代～水戸】

ＥＦ81形機が牽引する12系客車の「エキスポライナー」
1985（昭和60）年の「つくば万博」のシャトル便は、近郊型電車、急行型気動車、客車列車、寝台客車、寝台電車など、各種の列車が動員された。写真は当時最新鋭だったＥＦ81形が牽引する上野発の「エキスポライナー」。万博中央駅には折返し設備が無かったので、土浦駅まで回送して折返していた。
◎取手～藤代間
1985（昭和60）年８月16日
撮影：小川峯生

元急行「ときわ」「奥久慈」用だった
キハ58系の「エキスポライナー」
1985(昭和60)年3月17日～9月16日に開催された「国際科学技術博覧会」(つくば万博)には、常磐線の牛久～荒川沖間に開設された臨時「万博中央駅」への近郊型電車、客車、寝台客車、気動車などによる「エキスポライナー」が多数運転された。写真のキハ58系気動車は万博開催直前の3月14日に気動車急行「ときわ」「奥久慈」2往復が廃止になったため、長大編成のまま上野発着の「エキスポライナー」で活躍した。先頭車は水戸区のキハ58 578。
◎藤代～取手間
1985(昭和60)年8月18日
撮影：小川峯生

常磐線近郊型、つくば万博「エキスポライナー」で大活躍　1985（昭和60）年３月17日～９月16日に常磐沿線で開催された国際科学技術博覧会（つくば博）は、牛久～荒川沖駅間に臨時の「万博中央駅」が開設され、期間中は多くの臨時列車と貸切バス、シャトルバスで賑わった。近郊型（401、403、415系）の電車も前年から「赤電」塗装をクリーム／青帯に改めて小まめにサービスに務めた。特急車両、寝台客車、急行型電車、急行型気動車も臨時運転を行った。臨時駅には折返し施設が無いため、土浦駅で折返しと留置を行った。◎佐貫～牛久間　1985（昭和60）年８月26日　撮影：長渡 朗

電化後の常磐線で最後まで残った
キハ58系気動車急行「ときわ」「奥久慈」
常磐線1958（昭和33）年６月にキハ26、キロ25による気動車準急「ときわ」（上野～平〔現・いわき〕間下り６本、上り５本）と水郡線直通「奥久慈」（上野～水戸間併結、２往復）が設定され、1961（昭和36）年10月には7往復となった。1963（昭和38）年５月に電化が進み、「ときわ」は451系電車急行となったが、非電化の水郡線直通の「奥久慈」併結列車はキハ58系で残った。その間1966（昭和41）年に「ときわ」「奥久慈」は急行に格上げされたが、特急「ひたち」の増発で急行は衰退し、1985（昭和60）年３月に「ときわ」は廃止、「奥久慈」は1往復が５連で残存した。写真は末期の「ときわ」「奥久慈」の姿である。
◎牛久～佐貫間
1981（昭和56）年４月８日
撮影：長渡 朗

新系列として登場した普通・快速用のＥ501系　取手以北の通勤電車の混雑緩和のため、1995 ～ 97（平成7 ～ 9）年にＥ501系60両（10連× ４本、付属の５連× ４本）が導入された。京浜東北線209系の交直両用版で、取手以北初の４扉車だった。その後の輸送事情とＥ531系の投入によって2007（平成19）年２月で土浦以南の運転を終了し、10連は土浦～水戸～いわき～草野間、５連は土浦～水戸～いわき間、および水戸線（小山～友部）の運行となった。2018（平成30）年９月以降、水戸線もＥ531系になり、本系列の５連は水戸以北に職場を移している。◎佐貫～牛久間　1996（平成８）年10月27日　撮影：小川峯生

急行型455系の雄姿

常磐線関連の50Hz交直両用の急行型車両には451、453、455、457系があり、東北本線、常磐線を主体に急行電車で活躍を続けていたが、東北新幹線の開業で仕業がなくなり、東北本線、仙山線、磐越西線、常磐線などでローカル列車に使用されるようになった。座席も減らされ、WCも撤去されるなど、次第に影を薄くしていった。写真はまだ急行列車として運行されていた末期の記録であろう。
◎荒川沖　撮影：長渡 朗

ボンネット型の後継スタイルは高運転台・非貫通型の485系

485系の前面ボンネット型クハ481形のスタイルは、1972(昭和47)年以降、高運転台・非貫通(他線区には貫通型あり)にモデルチェンジした。寝台特急用583系に似た顔立ちで、以後の国鉄特急電車の標準的な顔立ちとなった。常磐線にも登場したが、先頭車はボンネット型に比して座席定員が8人増えたため、短編成化で座席を増やすことになった九州各線のボンネット型との交換が行われた。その結果、常磐線にはボンネット型の特急「ひたち」が増えて多くのファンを魅了した。
◎牛久〜佐貫間
1981(昭和56)年4月8日
撮影：長渡 朗

貨車を牽引して強力ぶりを発揮するＥＦ80形電機　常磐線の沿線には豊かな自然が残っていた。高度成長期以降の都市化の波は押寄せていたが、のどかな景物は失われていなかった。しかし常磐線の線路上には特急から貨物に至るまで、常に緊迫した大動脈としての活気がみなぎっていた。特に貨物列車は常磐線の生立ちが石炭輸送だったことを偲ばせる底力を見せていた。
◎佐貫〜牛久間　1981（昭和56）年４月８日　撮影：長渡 朗

ＥＦ80形機が牽引する20系客車の「エキスポライナー」 客車牽引にはＥＦ80形、ＥＦ81形が活躍していた。交流・直流区間にまたがっての運転だったので、常磐線に配置されていた交直両用機が重用された。主に上野～万博中央（臨時）駅間の運用で、上野駅で発車待ちをする「エキスポライナー」の姿がよく見られた。トレインマークも電車、気動車用とは異なるデザインのものが使用された。◎佐貫～牛久間　1985（昭和60）年８月26日　撮影：小川峯生

常磐線近郊型（中電）401系の活躍　国鉄初のカルダン駆動式、交流・直流両用の３扉セミクロスシート車両として、1960（昭和35）年に東日本の50Hz区間に401系、西日本の60Hz区間に421系試作車が登場した（以下、本書では常磐線についてのみ記述する）。以後量産が進み、1966（昭和41）年までに４連×25本が揃った。途中、1961年下期から先頭車のクハ401-23号車以降が高運転台に変更された（写真は初期製の低運転台車）。登場時からローズピンク／クリームの塗色だったので「赤電」

として各停、快速等で親しまれたが、1985(昭和60)年の国際科学技術博覧会(つくば万博)を機にクリーム/青帯となった。1978～91(昭和53～平成3)年に順次廃車となった。後継の形式は403系、415系。
◎牛久～佐貫間　1985(昭和60)年8月26日　撮影：長渡 朗

荷物列車を牽引するＥＦ80形電機

この電機は客貨両用として投入されていたので、常磐線では特急、急行、普通などの客車列車、および荷物列車、貨物列車も牽引していた。写真は貨物列車ではなく、「荷物列車」牽引中の姿である。荷物列車とは客車のうち荷物車、郵便車などを指し、貨車の編成による貨物列車とは区別される。客車列車と同様、旅客ホームに停車する列車も多く設定されていた。

◎牛久駅　1981（昭和61）年４月８日

撮影：長渡 朗

春まだ浅い北関東の大平野を貫く
ボンネット型の485系特急「ひたち」
485系がすっかり定着し、ボンネット型の「ひたち」が頻繁に往復していた頃の常磐線風景。美しい長大編成はどの地点で眺めても絵になった。なお、佐貫駅は2020（令和２）年3月14日に「龍ケ崎市駅」への改称が決定している（関東鉄道は改称しない。現在の両端駅名が「佐貫〜竜ケ崎」となっているため）。
◎佐貫〜牛久間
1985（昭和60）年３月７日
撮影：長渡 朗

貨物列車を牽引するＥＦ80形電機①　1895（明治28）年の開通以来、常磐線は貨物輸送が主体の観があり、貨物列車は大型蒸機、交直電機の時代を通じて本数も多く、当線の主としての貫禄を見せていた。これは貨車による標準的な貨物列車だ。
◎牛久〜佐貫間　1981（昭和56）年４月８日　撮影：長渡 朗

関東平野を北に向う
485系特急「ひたち」
常磐線は都市化の進む東京近郊区間を過ぎると広大な関東平野をひた走る。撮影地は荒川沖～万博中央駅(臨時駅)間。1985(昭和60)年３月17日～９月16日に広大な平地を利用して開催された「国際科学技術博覧会(つくば万博)のために、臨時の「万博中央駅」が開設されていた。その近くでの撮影である。
◎荒川沖～万博中央間
1985(昭和60)年９月13日
撮影：長渡 朗

「つくば万博中央駅」へ急ぐ
583系寝台特急電車

前面に「臨時」とあるので、万博中央駅へ向かうエキスポライナーとしての一場面である。日中のライナー列車は万博臨時駅で乗客を降ろすとそのまま土浦駅に行き、そこから折り返していたが、夜間は同駅に留置して宿泊所代わりに使用していた。
◎荒川沖〜万博中央間
撮影：長渡 朗

485系特急「ひたち」㊧とすれ違うキハ58系臨時「エキスポライナー」㊨　常磐線の看板特急「ひたち」と、急行「ときわ」廃止後ただちに「エキスポライナー」で失業を免れたキハ58形の離合。ヘッドマークは電車、電機ともに「つくば博」開催中掲出された。なお、臨時の万博中央駅から会場へは国産連接バスのシャトル便が運行され、会場では各地からの貸切バスで賑わった。◎荒川沖～万博中央間　1985（昭和60）年9月13日　撮影：長渡 朗

臨 時
TSUKUBA EXPO'85
エキスポライナー

常磐線土浦付近の蒸機の走る風景　霞ヶ浦の沿岸に広がる低湿地の水田地帯。まだ電化の準備も見られない常磐線の築堤上にはC62が牽引する荷物客車を先頭にした各停列車と、入換えに勤しむ8620形の姿があった。広大な関東平野ならではの大地と空が無限に広がっていた。◎土浦付近　1958（昭和33）年頃　撮影：日比野利朗

1896(明治29)年12月に開業した藤代駅は、1962(昭和37)年11月にそれまで残っていた木造駅舎から新しい駅舎に変わった。その後、この地上駅舎は1987(昭和62)年３月に現在のような橋上駅舎に改築されて、南口が新設された。駅の所在地は茨城県取手市宮和田である。◎1961(昭和36)年　撮影：山田虎雄

現在、ひたち野うしく駅のある牛久市ひたち野西３丁目には、1985(昭和60)年のつくば科学万博の開催時、玄関口として臨時駅の万博中央駅が置かれ、来場者の多くがこの駅を利用した。それから13年後の1998(平成10)年３月、跡地にひたち野うしく駅が開業している。◎1985(昭和60)年　撮影：山田虎雄

万博中央駅

土浦駅

現在は、おしゃれな駅ビル「プレイアトレ土浦」が迎えてくれる常磐線の主要駅、土浦駅。それ以前には、駅ビル「WING」や「ペルチ土浦」があった時代もある。1983(昭和58)年2月に橋上駅舎、4月に駅ビル「WING」が誕生しており、これはその前の地上駅舎時代の姿である。◎1965(昭和40)年　撮影：山田虎雄

人口約7万人の石岡市の玄関口である石岡駅。現在は島式、単式ホームを組み合わせた構造で、2016(平成28)年3月に完成した橋上駅舎を使用している。この時代は地上駅舎であり、1922(大正11)年に開業した鹿島参宮鉄道(後に関東鉄道、鹿島鉄道)と連絡していた。◎1985(昭和60)年　撮影：山田虎雄

右奥の荒川沖方面からやってきた常磐線は、桜川を越えて土浦駅にやってくる。この頃の土浦駅は、三代目の橋上駅舎が誕生する前であり、駅舎とホームの間は跨線橋で結ばれていた。また、筑波鉄道が乗り入れを行っていた時代でもあった。駅の周辺では、右手の西口駅前にマルイ、イトーヨーカドー、西友が大きな店舗を構えていたが、これら３店舗はすべて撤退し、現在

は土浦市役所の本庁舎などに変わっている。一方、左手の東口側には、霞ヶ浦に続く土浦港の一角が見えている。
◎1981（昭和56）年３月16日　撮影：朝日新聞社

拠点の一つ・土浦駅に停車するキニ58形荷物列車　土浦駅は特急、快速、普通電車が停車する常磐線首都寄りの要衝駅の一つ。電車の駅である土浦駅ではやはりキニ58形荷物列車は目立つ存在だった。キニ列車の全盛時には２往復が設定され、日中の１便は小荷物輸送、夜間の１便は翌日の朝刊を輸送していた。他線区なら「新聞電車」相当の便だった。◎土浦駅　1980（昭和55）年11月12日　撮影：長渡 朗

堂々 12連で小駅を通過する583系特急「みちのく」 車体の大きい583系の12連「みちのく」が神立駅を通過中の模様である。寝台特急電車ながら「みちのく」は昼行特急なので、寝台は格納されて座席車として運行されていた。窓ガラスは重層式で、２枚のガラスの間にブラインド（一部カーテン）が設置してあった。
◎神立～高浜間　1981（昭和56）年４月８日　撮影：長渡 朗

美しい姿で客車、貨車を牽引した常磐線交流区間の王者・ＥＦ80形電機
広大な関東平野を疾走する姿はどの角度から眺めても美しかった。コンテナ列車との組合せにも趣があった。
◎神立～高浜間
1981（昭和56）年４月８日
撮影：長渡 朗

「フレッシュひたち」で人気を集めたが、常磐線からは早く引退したＥ653系

Ｅ653系は1997（平成９）年10月から「フレッシュひたち」で活躍を開始した。７連の基本４編成には編成ごとにテーマカラーを採用し、スカーレットブロッサム、ブルーオーシャン、イエロージョンキル、グリーンレークを塗装し、翌年登場の付属４連はオレンジバーシモンを塗装していた。「フレッシュひたち」は朝夕は上野～土浦間の停車駅を増やし、特急サービスに務めていたが、2002（平成14）年12月からエル特急すべてを「特急」に、上野～勝田間の特急を全て「フレッシュひたち」に統一、651系もこれに加わるなど黄金期を迎えたが、2012（平成24）年３月に次世代車Ｅ657系が登場、「スーパーひたち」「フレッシュひたち」の仲間入り後、2013年３月からは常磐線の特急は全てＥ657系に統一された。2015（平成27）年３月よりスーパーひたちは「特急ひたち」に、フレッシュひたちは「特急ときわ」に改称、大部分が品川発着となった。製造年度の新しいＥ653系は大半を「いなほ」「しらゆき」用に改造し、羽越本線に移動した。
◎羽鳥～石岡間　2000（平成12）年４月
撮影：安田就視

石岡〜高浜間を行く「スーパーひたち」651系
白い車体のＥ651系特急型交直両用特急型車両は、特急「ひたち」の485系置換え用として、ＪＲ化直後の1988〜92（昭和63〜平成４）年に99両が新製され、1989（平成１）年３月に「スーパーひたち」専用車として華々しくデビューした。基本７両、付属４両から成り、最高時速130㎞／ hを実現した。2002（平成14）からは「フレッシュひたち」にも運用を広げ、文字通り常磐線の顔となった。しかし2012（平成24）年に次世代のＥ657系の登場により2013年から廃車が始まり、「スーパー」「フレッシュ」共にＥ657系に変ると、高崎線の「スワローあかぎ」「あかぎ」「草津」用の直流専用1000番代に改造して転用された。2016（平成28）年には４両が観光列車「伊豆クレイル」に改造されたが、2020（令和２）年に運転終了した。現在、大宮総合車両センター東大宮センターには651系1000番代の７連× ７本が配置されている。
◎石岡〜高浜間　1991（平成３）年４月
撮影：安田就視

常磐線友部駅を通過していく客車時代の特急「はつかり」 当時の急行、普通列車の客車は暗い「ぶどう色１号」から少し明るい「ぶどう色２号」に変ったばかりだったが、「はつかり」の「青色15号」はその反対色として目立つ存在だった。写真は水戸に近づいた地点て、水戸線の分岐点である友部駅を１本の青いラインとなって通過する特急「はつかり」の姿である。見送るのは停車中の上り気動車準急のキハ55形。◎友部駅 1960（昭和35）年５月 撮影：日比野利朗

特急「はつかり」を牽引するＣ62形と下り１両目のスハニ35形 撮影当時の常磐線は電化計画が進行中で、その工事も始まっていたが、蒸機の全盛期でもあった。中でも旅客用にはＣ62形が多数配置され、特急から普通までの牽引に当っていた。
轟音と共に通過する「はつかり」の１両目は特急編成に合せて荷物室付きのスハニ35形である。
◎友部駅 1960（昭和35）年５月 撮影：日比野利朗

上野駅を発車するC62形蒸機牽引、スハ44系他の客車による特急「はつかり」 1958(昭和33)年10月10日から東北方面への初の特急列車が登場した。東海道・山陽・九州線には「あさかぜ」用の20系客車(ブルートレインの第1号)が登場したが、東北線には新造車はなく、不定期九州特急「さくら」から捻出されたスハ44系客車を主体とする編成で、平坦線を走る常磐線経由の「はつかり」が登場した。上野発12時20分→青森着翌0時20分、青森発5時→上野着17時で、青函連絡船深夜便への接続を考慮ダイヤだった。東北方面の電化は未着工だったので、上野〜仙台間がC62、仙台〜盛岡間がC61、盛岡〜青森間はC60＋C61の重連が牽引した。◎上野駅　1960(昭和35)年5月　撮影：日比野利朗

黄色いテールサインと共に上野駅から青森に向う客車時代の特急「はつかり」 客車時代の上野駅発車時の編成は、C62＋スハニ35＋スハ44× 3＋マシ35＋ナロ10× 2＋スハフ43の8両編成で、ナロ2両が10系広幅軽量客車である他は、旧特急型のスハ44系(スハ43系に属する特急型客車)で揃っていた。20系ブルートレインと同様にクリーム色の帯を腰板に2本巻いていたが、スマートに見える反面、車両の古さを目立たせる帯でもあった。◎上野駅　1960(昭和35)年5月　撮影：日比野利朗

偕楽園駅（臨時）を通過して上野へ向う485系臨時特急「水戸観梅号」

偕楽園駅は下り線に1面１線のホームを有する建屋も無い簡素な臨時駅である。昔も今も、観梅シーズン中の営業日には水戸駅から駅員が出張して乗車券の販売などを行っている。写真は休日のため駅員と利用客の姿が見える。上り線を通過中の特急は485系臨時特急「水戸観梅号」。すでに後継次世代の651系が「スーパーひたち」として活躍を開始している時期だった。

◎偕楽園駅　1988（昭和63）年４月
撮影：長渡 朗

偕楽園駅（臨時）脇を通過していく415系1500番代近郊型電車　偕楽園臨時ホームは下り線だけなので、ホームの無い上り線では特急から普通に至るすべての列車が通過していく。401系の「赤電」に始まる常磐線の近郊型電車は1986 ～ 1991（昭和61 ～平成３）年に投入された415系1500番代を以て最終となり、Ｅ531系と交代して姿を消した。1500番代車は直流の211系に準じた軽量ステンレス車で、新風を吹込んだが座席はロングシートだった。2007（平成19）年にＥ531系に統一されて400番代の近郊型は廃形式となった。廃止前に一部がＪＲ九州に譲渡されている。

◎偕楽園駅　1988（昭和63）年４月　撮影：長渡 朗

偕楽園駅(臨時)に停車中の415系近郊型電車　偕楽園駅が営業日のホームには乗降客が多い。下り電車しか停車できないので、上り土浦、上野方面に向う場合はいったん水戸駅（当駅から１駅目）まで逆行し、上り電車に乗換えなければならない。現在は当駅も「東京近郊区間」に含まれているため、途中下車の扱いは無い。◎偕楽園駅　1988(昭和63)年４月　撮影：長渡 朗

水戸駅に到着した上り特急485・483系「ひたち」 常磐線の顔であった485系の特急「ひたち」が水戸駅上りホームに入線する光景。本数の多い特急だけに、日頃の見慣れた眺めになっていたが、常磐線に多数が配置されていたボンネット型の先頭車には魅力があり、眺め入る人も多かった。◎水戸駅　1985(昭和60)年5月2日　撮影：木戸正美

ひたち
4

水戸駅を発車した401系の普通電車　1960（昭和35）年に登場した401系に始まる常磐線の近郊型電車は、性能面、接客設備面で改良を続け、415系1500番代にまで達したが初期車の廃車も進んだ。後継のE531系との交代により2007（平成19）までに全車が引退した。写真は非冷房の初期車で、運転台は高くなっているが、前照灯は「大目玉」のグループ。大多数が後にシールドビーム化され、小型のライトになっていた。◎水戸駅　1985（昭和60）年5月11日　撮影：長渡 朗

水戸駅でに到着したキニ56形気動車による荷物列車　常磐線の電化後、隅田川貨物駅と平（現・いわき）駅を結ぶ荷物列車は、直流と交流区間の切替えなしに運転できる気動車列車が採用された。初代として1964（昭和39）年にキハ19形を改造したキニ16形が登場したが、出力不足のため翌1965年にキハ51形改造のキニ55形と交代した。その後1971～79（昭和46～54）に急行系のキハ55形改造のキニ56形２両を投入。さらに1978（昭和53）年に急行系キロ58形改造（車体は新製）のキニ58形３両が登場し、1987（昭和62）年の荷物列車廃止まで活躍して幕を閉じた。所属はいずれも水戸区だった。写真は三代目のキニ56 3+56 4。◎水戸駅　1985（昭和60）年5月2日　撮影：長渡 朗

水戸駅に到着したキニ58形気動車による荷物列車　手前からキニ58 1+58 2。全線電車区間を走るため停車する各駅ともホームが高く、ステップは省略されていた。◎水戸駅　1985（昭和60）年5月11日　撮影：長渡 朗

水戸駅で並んだ401系㊨と415系㊧　常磐線の近郊型（中距離電車）の片枚型貫通幌は下り側に装着していたので、奥が土浦、上野方、手前が日立、いわき方となる。右隣の5、6番線は常磐線の上り、左の7番線は上り特急専用ホームだが、撮影時には415系電車が停車中だった。◎水戸駅　1985（昭和60）年5月11日　撮影：長渡 朗

シンプルな２階建ての地上駅舎があった頃の水戸駅北口の駅前風景である。手前には、水浜電車（茨城交通水浜線）の線路が見えるが、この水戸市内の路面電車は1966（昭和41）年６月に全線が廃止される。まだ、駅前広場にタクシー、乗用車の数は少なく、路線バスにはボンネットバスの姿もあった。この後、水戸駅が橋上駅舎に変わるのは1984（昭和59）年７月で、翌年（1985年）３月には、初の駅ビル「EXCEL」がオープンすることとなる。◎1956（昭和31）年７月　撮影：毎日新聞社

水戸駅

偕楽園方面から進んできた常磐線は、千波湖の脇を通って水戸駅に至る。この駅は常磐線の主要駅で、水郡線との分岐点でもある。徳川御三家のひとつ、水戸藩の城下町だった水戸だが、駅に近い場所にあった水戸城の天守相当の三階櫓は、太平洋戦争の戦災で焼失し、城跡は現在、水戸第一高校、水戸第三高校などがある文教地区となっている。緑の多いこの地区の先、左上

を流れるのは那珂川である。一方、駅の右（南）側に見えるのは、千波湖から流れてくる桜川である。
◎1974（昭和49）年9月6日　撮影：朝日新聞社

【勝田～いわき】

常磐線勝田電車区に並ぶ全盛期の「赤電」 常磐線の電車を管理する勝田電車区（水カツ区）で顔を並べる交直両用の近距離用の401系、403系などと急行型の455系（右から６両目）。いずれも交直流電車を表す赤13号（ローズピンク）とクリーム10号のツートンカラーで、通称「赤電」と呼ばれた。つくば科学万博を機に塗色変更が行われ、白に近いクリームと青帯に変ってこの色は見られなくなった。また軽量ステンレス車体の登場で青帯１本という姿にも変っていった。
◎勝田電車区　1970（昭和45）年６月４日　撮影：小泉 喬（RGG）

常磐線に集まった485系ボンネット型を先頭にした特急「ひたち」 常磐線を代表する特急「ひたち」には、485系のボンネット型先頭車が多数活躍していた。これは新製投入されたものの他に、車両交換により集められたものが多数活躍していたため。国鉄末期の短編成化で、座席数の多い箱型先頭車を常磐線から九州線に送り、九州線からは座席数の少ないボンネット型先頭

車を常磐線に迎え入れた。九州では短編成化で座席数を増やしたく、常磐線では座席数を多少減らしても長大編成だったので、大勢に影響はなかったための措置だった。常磐線のボンネット型特急車は人気を呼んで、「ひたち」の代名詞になったほどだった。◎大甕～東海間　1986（昭和61）年11月　撮影：安田就視

このあたりの常磐線は、太平洋に近い場所を走っているので、これは線路の西側を写した空撮である。ご存じの通り、この日立駅はもともと助川駅と呼ばれており、このあたりは日立町ではなく、多賀郡助川町だった。左下の駅前広場から延びるのは平和通りで、国道６号方面に向かってゆく。その右手に広がるのは、日立セメント工場で現在も操業を続けている。中央やや上

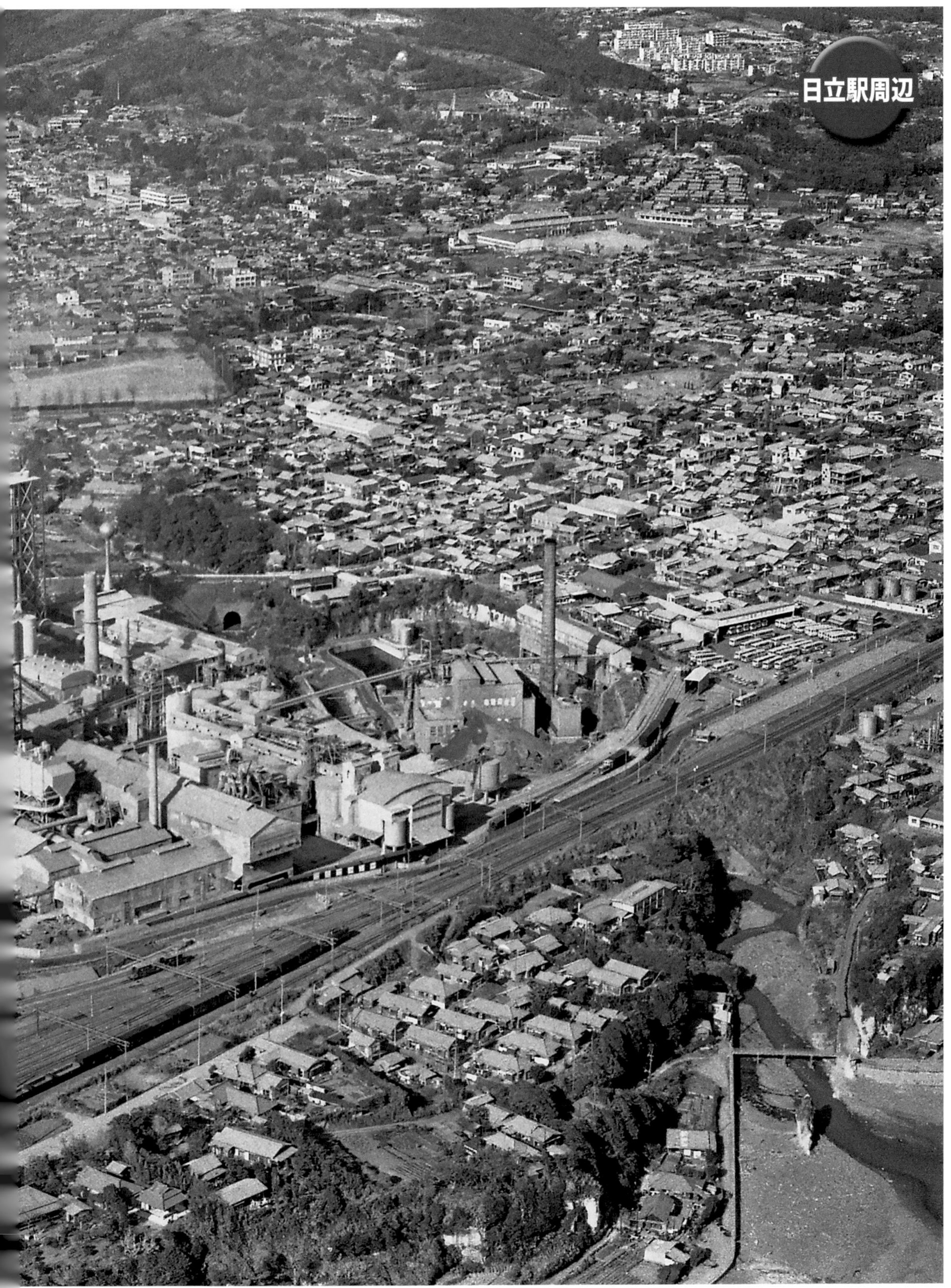

に見える中小路小学校は、1940（昭和15）年に助川小学校から分離し、開校している。
◎1957（昭和32）年10月1日　撮影：朝日新聞社

植田〜勿来間の鮫川橋梁を渡る交直両用ＥＦ81形電機牽引の貨物列車　常磐線の交流電化に合せて、1962 〜 63年に導入された交直両用の電気機関車がＥＦ80形63両だった。常磐線専用機で、特急から貨物まで牽引の万能機だったが、後継機として登場したのが汎用機のＥＦ81形だった。1967 〜 92（昭和43 〜平成４）年に164両が量産され（うち1989 〜 92年製の８両はＪＲ貨物の追加）、常磐線をはじめ東北、奥羽、羽越、北陸、関門地区、鹿児島、日豊の各線の交流・直流電化区間で特急から

貨物に至る各種列車を牽引した。50Hz、60Hz区間共用設計のため汎用的で、各線でその姿が見られた。現在は旅客、貨物ともに列車が減って活躍の場が狭くなったうえ、老朽化も進んで両数は減っているが、なおも現役で活躍を続けている。
◎植田～勿来間　1986（昭和61）年11月　撮影：安田就視

山々に囲まれた湯本駅付近の空撮で、この頃はまだ石炭産業が街を支えていた。湯本駅は単式、島式ホームを組み合わせた地上駅で、この頃は三代目駅舎があったが、3年後の1967（昭和42）年3月に現在の駅舎に改築されている。常磐線の線路と並行して走るのは、右（東）側の陸前浜街道（福島県道20号、旧国道6号）と左（西）側の県道56号常磐勿来線。陸前浜街道沿いには、

炭鉱で働く人々が住む炭住が並んでいるのがわかるが、現在は市営八仙団地などとなっている。
◎1964（昭和39）年３月31日　撮影：朝日新聞社

気動車急行の原点となった常磐線のキハ55系気動車急行「みやぎの」 非電化区間の高速列車の近代化の切り札として昭和30年代から気動車準急、気動車急行の本数が増えていった。常磐線の場合は1959（昭和34）年９月に国鉄最初の気動車急行がキハ55形によって開始された。キハ55形は２エンジン、キハ26形は１エンジンの準急用として開発されたものだったが、次第に急行仕様に成長し、「みやぎの」には写真のキハ55形４次車が充当された。塗色はクリーム４号に窓周りと裾が赤11号で、

俗に急行色と呼ばれるツートンでお目見えした。以後、中央東線の急行「アルプス」などでおなじみになっていくが、常磐線の場合は1961（昭和36）年10月に東北本線経由になり、客車化、電車化の道をたどって気動車急行は２年で姿を消した。
◎平（現・いわき）駅　1960（昭和35）年　撮影：日比野利朗

いわき市には江戸時代、磐城平藩があったが、その居城だった磐城平城の一部が右下にのぞいている。ここは龍ヶ城とも呼ばれ、現在は歴史遺産を展示する龍ヶ城美術館が建てられている。一方、上（南）側には陸前浜街道（国道399号）が通り、新川が流れている。駅前から延びる大通り（磐城街道）付近は、大きなビルが建つ市の中心部となっている。平駅には既に駅ビル「ヤンヤン」

が存在したが、現在はホームも嵩上げされて、立派な橋上駅舎に変わっている。
◎1984(昭和59)年5月10日　撮影：朝日新聞社

【草野〜仙台】

草野〜平（現・いわき）間に見る常磐線の列車①
鎌田山トンネルを抜けて夏井川を渡り、平（現・いわき）駅に向かうD51 123牽引の貨物列車。草野〜平間の電化は1963（昭和38）年９月と早かったが、複線化はこの写真が撮影された半年前の1965（昭和40）年５月のことだった。
◎草野〜平（現・いわき）間
1965（昭和40）年11月３日　撮影：木戸正美

平（現・いわき）～草野間に見る常磐線の列車②
1965（昭和40）年10月に常磐線経由の急行「北斗」を格上げして上野～青森間に20系ブルートレイン「ゆうづる」が誕生した。写真はその直後の撮影である。好評につき1968（昭和43）年10月には「ゆうづる」を１本増発したが、これは先輩の「はつかり」と共に583系寝台電車の運行となった。以後「ゆうづる」は本数が増えて、最大７往復（うち３往復は583系電車）にまで発展したが、東北本線電線電化、東北新幹線開業などにより1993（平成５）年に廃止となった。
◎草野～平（現・いわき）間、夏井川橋梁上り線　1965（昭和40）年11月３日　撮影：木戸正美

平（現・いわき）〜草野間に見る常磐線の列車③　草野までの電化完成後も、平（現・いわき）以北へ向う列車は平駅で蒸機に付替えて直通していた。「第2みちのく」は上野から青森に向う名門の客車急行で、C62形が牽引していた。撮影時は新設の気動車急行が「みちのく」を名乗り、本来の客車急行は「第2みちのく」となっていた。手前の水田地帯には現在、東日本国際大学、いわき短期大学のキャンパスが広がっている。◎平（現・いわき）〜草野間　1965（昭和40）年11月3日　撮影：木戸正美

常磐線の非電化時代に活躍したC62形の雄姿　我が国最大の旅客機C62形は1948～49（昭和23～24）年に49両が新製された。戦後余剰となっていた大型貨物機D52形のボイラーを流用したため、車両限界目一杯の大きな車体となり、東海道・山陽本線の優等列車牽引でデビューした。東日本方面でも1949年に11両が尾久、宇都宮、白河、水戸区に配置されて早くから活躍が見られた。その後1956年以降、東海道本線の電化、常磐線の電化などが進み、C62形機は山陽本線との両数調整、函館本線への転出などがあったが、常磐線では活躍を続け、特急「はつかり」、急行「みちのく」「十和田」や長距離各停列車も牽引して、常磐線の顔になっていた。しかし電化が進み、20系ブルトレ「ゆうづる」の牽引を最後に運用は平（現・いわき）～仙台間に狭められたあと、1967（昭和42）年9月30日をもって運行を終了した。
◎久ノ浜　1967（昭和42）年9月29日　撮影：荒川好夫（RGG）

常磐線鞍掛山トンネルを抜けてきた特急１Dレ「はつかり」のキハ81系　常磐線経由、上野〜青森間の「はつかり」が客車特急から気動車特急に変ってからの雄姿である。撮影場所は四ツ倉駅〜久ノ浜駅間の鞍掛山トンネルから顔を出したところ。四ツ倉以北は単線であったが、常磐線の電化工事が進んでいて、多くの中小トンネルが放棄され、新トンネルに移行していた。1968（昭和43）年10月に東北本線の複線電化が完成し、「はつかり」は東北本線経由に変更されて常磐線から姿を消した。
◎四ツ倉〜久ノ浜間　1966（昭和41）年８月24日　撮影：荒川好夫（RGG）

南相馬の美しき田園地帯を進む455系電車急行「もりおか」号　常磐線の線形の良さを利用して、北東北と東京を迅速に結ぶ特急、急行が多数設定されたが、1日2往復の盛岡～上野間の昼行急行「もりおか」も利用のしやすさから人気列車になっていた。客車から電車に変り、ますます好評だったが、1982（昭和57）年の東北新幹線の開業で役目を終え、車両は交流電化区間のローカル電車に転用された。◎磐城太田～小高間　1979（昭和54）年8月15日　撮影：安田就視

急行
タクシー

東北本線の急行用455系も新幹線開業後は東北・常磐線のローカル運用に　かつて東北本線、常磐線の電車急行として八面六臂（はちめんろっぴ）の活躍を続けていた急行型電車451・453・455系などは東北新幹線開業後は東北・常磐・磐越西・仙山線などのローカル列車に活用されていた。塗装はクリームに緑帯という新しい塗分けが採用され、急行時代の雰囲気は消えていたが、そのスタイルはいつでも高速運転が可能であることを示していた。
◎相馬〜日立木間　1998（平成10）年12月　撮影：安田就視

東北・常磐線のローカル運用に急行型451系　東北本線、常磐線の電車急行華やかなりし頃に大活躍した交直両用の急行型451系、453系、455系、457系などは、東北新幹線開業後は東北本線、常磐線、仙山線、磐越西線などでローカル運用に就いていた。当初は急行色のままだったが、やがてクリーム／緑の東北ローカル色に変っていった。
◎岩沼～亘理間　阿武隈川橋梁　1986（昭和61）年9月　撮影：安田就視

仙台機関区に並んだ東北・常磐両線用の蒸気機関車　仙台駅東側に広大な面積を占めていた仙台機関区（現・仙台車両センター）には東北本線と常磐線の主要列車を牽引する大型蒸機が配置されていた。写真は左からC62 47、C61 15、C61 6、C62 11、C59 90。C62形とC61形は東北・常磐線の特急から普通列車に至るまでを牽引（C61形は貨物列車も）、C59形は

重量の関係で東北本線で旅客列車を牽引していた。ここには写っていないが、C60形は東北本線盛岡以北で前補機を務めていた。仙台機関区は東北・常磐線の全線電化完成によって廃止され、仙台運転所を経て現在は仙台車両センター（仙台駅の北側）となっている。◎仙台機関区　1964（昭和39）年３月16日　撮影：木戸正美

仙台機関区で待機中の大型ディーゼル機関車 DD51 4号機　DD51形ディーゼル機関車は、1962～78（昭和37～53）年に649両が量産された大型凸型機である。無煙化推進のため四国を除く全国の幹線、亜幹線に投入された。馬力は蒸機のC61形（旅客用）、D51形（貨物用）を超える強力機で、単機型と重連可能型があった。写真の４号機は1963（昭和38）年三菱製の初期単機型４両の内の１両で、４両揃って盛岡区に配置され、東北本線仙台以北で活躍した。その後４両は山形区に移動したが、４号機のみ岡山区に転じ、1983（昭和58）年に廃車となった。DD51形は電化や旅客・貨物列車の廃止で数を減らしながらも、ＪＲ四国を除くＪＲ６社に500番代、800番代車の約250両が健在で活躍を続けている。
◎仙台機関区　1965（昭和40）年４月５日　撮影：木戸正美

仙台駅で発車を待つ交直両用451系急行電車「みやぎの」　東北本線の列車なので本書では「番外」となるが、この形式の電車は常磐線でも準急（後に急行）「ときわ」で多数が使用されたので、ここに掲げておく。急行「みやぎの」は1961（昭和36）年10月に上野～仙台間の客車列車として誕生し、1962（昭和37）年から451系による電車急行となった。東北本線、常磐線の電化が進捗すると両線には多数の電車急行が運行されるようになり、1968（昭和43）年10月に「みやぎの」は本数の多い「まつしま」に吸収されて消えていった。その間に451系は453系、455系へと性能的に発展していた。
◎仙台駅　1964（昭和39）年3月16日　撮影：木戸正美

仙台機関区で待機中の仙山線用交流専用試作電機ＥＤ91　1号機と暖房車　東北地方が交流電化されることになり、仙山線（仙台～山形間のうち作並～山寺間）が試験区間に指定された。同線には以下の試作機４両が投入された。❶ＥＤ44 1号機（1955年、日立。1961年改番でＥＤ90　1）、交流電流で駆動する直接式。❷ＥＤ45 1号機（1955年、三菱・新三菱。1961改番でＥＤ91 1＝写真＝）。交流電流を整流器で直流に変換して駆動する間接式。❸ＥＤ45 11号機（1956年、東芝）、1961改番でＥＤ91 11）、間接式。❹ＥＤ45 21（1957年、日立。1961改番でＥＤ91 21）、間接式。以上４両が作並機関区区に投入されて走行試験に供された。結局、間接式が採用されてＥＤ70形が誕生し、以後の交流電機の基礎を作った。試作機４両は長町機関区に転じたあと1966（昭和41）年のＥＤ90 1の廃車を皮切りに、1970（昭和45）年に全廃となった。現在、ＥＤ91 11号機が宮城県利府町森郷児童公園に静態保存されている。◎仙台機関区　1964（昭和39）年３月16日　撮影：木戸正美

仙台機関区に憩う交流専用電機ＥＤ75　32号機（前）とＥＤ71 5号機（後）　◆手前のＥＤ75形は常磐線平（現・いわき）までの電化に合せて1963（昭和38）年に登場した交流専用機で、1976（昭和51）年までに302両が量産され、常磐、東北、奥羽、羽越線のほか北海道、九州でも活躍した。廃車は1986（昭和61）年から進んだが、同年に34両を青函専用のＥＤ79形に改造している（2016〔平成28〕年までに全廃）。特急から貨物までを牽引した名機ながら、現在はＪＲ東日本に工事列車用の５両を残すのみ。鉄道博物館にＥＤ75 775号機、小樽市総合博物館に501号機が保存されている。◆後ろのＥＤ71形は東北本線用の初期交流専用機で、1957～63（昭和32～38）年に55両が製造された。ＥＤ75形と代替に1984（昭和59）年までに廃車となった。37号機が東北本線船岡駅に保存されている。◎仙台機関区　1965（昭和40）年４月５日　撮影：木戸正美

日乃出会館
明治チョコレート

東北新幹線の開通などで大きく様変わりした、仙台駅西口の駅前風景である。右手前に見える青葉通り沿いの仙台ホテル、丸光百貨店はオールドファンには懐かしい姿だろう。戦後のバラックからスタートした丸光百貨店はこの後、仙台ビブレ、さくら野百貨店に変わった後、2017（平成29）年に閉店した。中央付近を斜めに走る愛宕上杉通りの地下に、仙台市地下鉄南北線が開通するのは1987（昭和62）年７月で、JRと連絡する仙台駅が置かれている。
◎1964（昭和39）年12月３日
撮影：朝日新聞社

【著者プロフィール】

長渡 朗（ながと あきら）

1933（昭和8）年東京生まれ。1952（昭和27）年に国鉄入職。静岡機関区にてC50・8620形・B6等の蒸気機関車の庫内手、EF15・EF58・EH10等の電気機関助士を経て1961（昭和36）年に静岡運転所電車運転士として主に東京～大垣間を運転。1966（昭和41）年三鷹電車区に転勤し、東京～高尾間や新宿～甲府間を運転。1982（昭和57）年東京西鉄道管理局運転部電車課、1983（昭和58）年中野電車区勤務を経て、1988（昭和63）年定年退職。

三好好三（みよし よしぞう）

1937（昭和12）年12月、東京市世田谷区豪徳寺生まれ。1950（昭和25）年9月以降は武蔵野市吉祥寺、1981（昭和56）年9月以降は小金井市に居住。国学院大学文学部卒、高校教諭を経て鉄道読み物執筆を続ける。主な著書に「鉄道ライバル物語 関東vs関西」「昭和30年代バス黄金時代」「中央線 街と駅の120年」「中央線オレンジ色の電車今昔50年」「近鉄電車」（以上JTBパブリッシング）、「昭和の鉄道」（小学館）、「よみがえる東京 都電が走った昭和の街角」（学研パブリッシング）、「京王線・井の頭線 昭和の記憶」（彩流社）、「常磐線」（アルファベータブックス）など多数。

【写真提供】

小川峯生、木戸正美、野口昭雄、日比野利朗、安田就視、山田虎雄、
(RGG) 荒川好夫、牛島 完、小泉 喬
池田 信（提供：毎日新聞社）、朝日新聞社、毎日新聞社

【空撮写真、駅舎写真の解説】

生田 誠

想い出の国鉄・JRアルバム 第2巻
常磐線
1960年代～90年代の記録

発行日…………………2021年9月2日　第1刷　　※定価はカバーに表示してあります。

著者……………………長渡 朗、三好好三
発行人…………………高山和彦
発行所…………………株式会社フォト・パブリッシング
〒161-0032　東京都新宿区中落合2-12-26
TEL.03-6914-0121 FAX.03-5955-8101
発売元…………………株式会社メディアパル（共同出版者・流通責任者）
〒162-8710　東京都新宿区東五軒町6-24
TEL.03-5261-1171 FAX.03-3235-4645
デザイン・DTP ………柏倉栄治（装丁・本文とも）
印刷所…………………新星社西川印刷株式会社

ISBN978-4-8021-3258-9 C0026